CARTAS A CHE GUEVARA
Emir Sader

Emir Sader

CARTAS A CHE GUEVARA
O mundo, trinta anos depois

3ª edição

PAZ E TERRA
Coleção Leitura

© Emir Sader
Editores responsáveis: Christine Röhrig e Emir Sader

Produção gráfica: Katia Halbe
Capa: Isabel Carballo
Edição de texto: Patrícia Maria Silva de Assis

CIP-BRASIL. CATALOGAÇÃO NA FONTE
SINDICATO NACIONAL DOS EDITORES DE LIVROS-RJ

Sader, Emir, 1943-
  Cartas a Che Guevara: o mundo trinta anos depois / Emir Sader. — São Paulo: Paz e Terra, 2003 — (Coleção Leitura)
  ISBN 85-219-0265-4
  1. Guevara, Ernesto, 1928-1967. 2. Política internacional — Século XX. 3. Capitalismo 4. Socialismo I. Título

CDD 909.82
CDD 940.3

EDITORA PAZ E TERRA S/A
Rua do Triunfo, 177
Santa Ifigênia, São Paulo, SP — CEP 01212-010
Tel.: (011) 3337-8399
Rua General Venâncio Flores, 305 — Sala 904
Rio de Janeiro, RJ — CEP 22441-090
Tel.: (021) 2512-8744
e-mail: vendas@pazeterra.com.br
Home page: www.pazeterra.com.br

2003
Impresso no Brasil /*Printed in Brazil*

ÍNDICE

1 – O Che, depois do Che 7

2 – Houve história 11

3 – O mundo caminha para o socialismo 17

4 – Que mundo é esse? 29

5 – O neo-imperialismo 53

6 – A criminalização do Terceiro Mundo 65

7 – O assalto ao céu 73

8 – Cuba: "quando o extraordinário se torna cotidiano..." 77

1
O CHE, DEPOIS DO CHE

Esta não é uma nova ou velha biografia de Ernesto Guevara de la Serna, o Che. Se algo de novo pode ser dito sobre o Che, não creio que esteja ao nível dos fatos. Nada que pudesse ser acrescentado à sua trajetória — seja nas suas viagens de juventude, na sua estada na Guatemala, na guerra de guerrilhas em Cuba, no governo cubano, na África ou, finalmente, na Bolívia, ou mesmo na descoberta de seu cadáver enterrado — mudaria o significado de sua vida.

Se podemos extrair de sua vida algo mais, será refletindo sobre o seu significado, sobre sua atualidade, sobre o que se passou com suas idéias trinta anos depois. Fazer isso dirigindo-se ao próprio Che, mais do que um expediente literário, é uma forma de tentar dialogar com uma época, com idéias que seguem habitando o imaginário, a prática social — ou ambos — de uma parte daquela geração. É uma forma de acerto de contas com os sonhos de uma geração que buscou "assaltar o céu".

Saber em que medida é possível ainda hoje dialogar com o Che é uma maneira de se perguntar sobre o quanto do Che sobreviveu a ele. Em artigo escrito há dez anos, para os vinte de sua morte, eu iniciava com a citação de Carlos Drummond de Andrade:

"Como morre o homem,
quando começa a?
....
Quando morre, morre?"

E abria o artigo, dizendo:

"Um ruidoso silêncio se abateu sobre a morte do Che na Bolívia. A confluência entre o reconhecimento contrito de que 'a sina de um herói é a derrota' e o aliviado suspiro dos que se sentiam ameaçados por suas 'loucuras' foram responsáveis por ele.

"Falou-se tanto do Che, como para cobrir os ecos de sua voz e os passos de sua caminhada. A multiplicação de sua imagem parecia perseguir o esvaziamento e o esquecimento. Derrotados e vitoriosos, dando-se as mãos para chorar, disputando o morto, entre culpa e mal disfarçada euforia."

Por que o Che? Por que sua vida e seus escritos representam de forma mais clara os projetos de transformação socialista neste século. Foi este o primeiro século em que se enfrentaram abertamente o capitalismo e o socialismo "realmente existentes", como se costumou dizer. Vários estiveram no centro desse enfrentamento do lado do socialismo — Lenin, Trotsky, Mao Tsé-tung, Ho Chi Minh, Fidel Castro e o próprio Che. Este, no entanto, talvez até por ter enunciado o que foi um chamado internacional à revolução — "Criar um, dois, três, muitos Vietnãs" — ou por ter chamado-a por seu nome — "Revolução socialista ou caricatura de revolução" — numa década em que a chama do anticapitalismo parecia alastrar-se, terminou por ser aquele que melhor personificou os sonhos de uma sociedade humana, solidária, fraternal.

A biografia de alguém com trajetória política marcante deve ser uma forma particular de falar da época como um todo. Da forma como Isaac Deutscher fez com a biografia de Trotsky, nos seus três volumes, abordando as aventuras e desventuras da Revolução Russa e de toda uma geração de revolucionários no começo do século.

Uma biografia do Che deveria representar a forma como a geração de revolucionários, que confluiu para os anos 60, via o passado e o futuro da história, que iluminaram seu "assalto ao céu". Os olhos do Che são privilegiados para esse enfoque, por ter sido protagonista fundamental e por encarar os dilemas centrais daquela geração. Militante, intelectual, dirigente político, comandante guerrilheiro, ele sintetizou em si o que tantos foram em um nível ou outro. Por isso ele simboliza, no mais alto nível, toda uma geração.

O que se fará aqui então é um diálogo com algumas das idéias centrais do Che, na forma como ele as enunciou para verificar que leitura pode ser feita hoje, no final do século XX, daqueles ideais, por alguém que pretende seguir mantendo fidelidade a eles.

Um diálogo com alguém que tocou nos nervos centrais de uma época é, antes de tudo, saber que destino tiveram os caminhos pelos quais ele trilhou, em primeiro lugar o capitalismo e o socialismo no nosso tempo. É isso que trataremos de fazer, ainda que de maneira sintética, neste pequeno livro.

2
Houve história

Nos dez anos passados desde que aquele texto foi publicado, suas idéias foram submetidas a provas ainda mais duras do que a simples derrota de seu projeto guerrilheiro na Bolívia, como epicentro do continente. Embora fosse ele um duro crítico do modelo soviético de construção do socialismo, esse, desde então, sofreu duros golpes. Com ele, uma certa concepção da história, segundo a qual esta "não volta para trás", e também de que o socialismo está inscrito no itinerário futuro da história, do qual o presente é um momento de passagem.

Na realidade, nesse caso foi derrotada uma concepção contra a qual a vida e os escritos do Che são um libelo vivo — a desaparição da subjetividade, da vontade humana como agente de transformação da realidade. No entanto, o horizonte do socialismo deixou de iluminar os combates de hoje pela justiça e contra a exploração, a alienação e a opressão.

Por outro lado, a própria militância política parece ter se esgotado como proposta de caminho para transformação do mundo, para grande parte das novas gerações. Com ela, o internacionalismo e o próprio socialismo parecem ter se transformado em impossibilidades históricas. Um órfão do Estado de bem-estar social escreveu, já entrada a última década do século XX, que "o capitalismo é terrível e o socialismo é impossível". Não poderia haver melhor epitáfio para a utopia.

Por incrível que pudesse parecer para quem viveu os anos 60, o próprio caráter histórico do capitalismo passou a ser negado — a idéia de que um tipo de sociedade humana, tal qual tudo o que é humano, nasce, vive e tende a morrer, substituído por outras formas de expressão humana.

Até a palavra *capitalismo* tendeu a desaparecer, como forma mais acabada de sua naturalização. Se nos anos 60 se discutia *quando* e *como* o capitalismo desapareceria, nos 90, discutiu-se — não se o capitalismo teria futuro, mas — o futuro do capitalismo. Das versões apologéticas, travestidas de ficção científica que projeta a tecnologia sem as relações sociais — robotização sem desemprego —, às preocupações com os novos conflitos e os novos adversários dos Estados Unidos — o "conflito de civilizações" de Samuel Huntington, formas diferentes do "fim da história", no sentido da hegemonia liberal como expressão do triunfo do capitalismo.

"Houve história" — como dizia Marx a respeito da primeira versão do fim da história —, "já não há mais". Todo o processo histórico anterior havia existido para amadurecer as condições de surgimento e consolidação do capitalismo como sistema que condiz com os direitos naturais do homem, com o equilíbrio perfeito entre homem e natureza, com os desejos de combinar as ambições individuais e o progresso coletivo. O liberalismo foi, originariamente, a ideologia dessa versão.

Toda a batalha ideológica dos críticos do capitalismo foi a de demonstrar o caráter *histórico* desse sistema. Da mesma forma que os sistemas sociais anteriores, o capitalismo teve começo, tinha meio e, por isso mesmo, teria fim. Como mais um sistema social que encadeava a história dos homens, ele revolucionava como nenhum outro anteriormente as condições de existência dos homens, ao mesmo tempo que introduzia os novos agentes e as contradições entre eles, que possibilitariam mover a história na direção de sua superação.

Como se moveria a história? A obra de Marx apontava em duas direções — que posteriormente dariam nascimento a duas interpretações diferenciadas de sua obra, uma de cunho "estruturalista", outra "historicista": "o motor da história é a luta de classes", a contradição fundamental em cada sociedade se dá entre o desenvolvimento das forças produtivas e as relações de produção. A primeira apontava para o conflito de classes — no capitalismo entre burguesia e proletariado —, a segunda para aquele entre desenvolvimento econômico e estrutura social. Por mais que nessa versão se acrescentasse que "as classes são suportes das categorias básicas" — capital e trabalho —, a primazia das relações estruturais ficava demarcada nessa interpretação. Na primeira, o espaço de indeterminação é muito maior, embora ambas reivindiquem a formulação de Marx de que os homens fazem a história a partir das condições herdadas. O que as separa é saber que potencial tem esse "fazer a história", o que ele pode e não pode.

Foi o que posteriormente voltou à baila na discussão sobre o que fazer com a Rússia atrasada, com o primeiro Estado dirigido pelo proletariado, que não podia "superar dialeticamente" o capitalismo, porque não contava com seu desenvolvimento econômico. A Rússia estava mais próxima das preocupações de Marx com que não se deveria socializar a miséria, o que representaria, na sua opinião, uma volta à barbárie e não ao comunismo.

Porém, consolidou-se na crítica a visão mecanicista e etapista — aquela segundo a qual a história deveria passar, em todos os países, pelas mesmas etapas históricas, que havia, por exemplo, projetado para a América Latina a existência obrigatória do feudalismo — do marxismo, com a possibilidade de "saltar etapas". Afinal os bolcheviques haviam afirmado essa possibilidade diante da proposta menchevique de fazer com que a Rússia passasse primeiro por uma "revolução democrático-burguesa", que a levaria de uma economia agrária a um processo de industrialização.

O próprio nome do Che, dentro do marxismo, aparece ligado à idéia de "saltar etapas". Não apenas devido à opção pela estratégia guerrilheira, com tudo o que ela contém de forjar as condições ainda não totalmente maduras, presentes na crítica do Che às posturas de dirigentes dos partidos comunistas, que se comportariam como Jó sentado à frente de sua casa esperando passar o cadáver do inimigo, na imagem que ele utilizou.

No debate sobre os caminhos do socialismo em Cuba, quando já se começava a construir a nova sociedade, o Che personificou a posição dos que acreditavam que seria possível dar início à construção de uma sociedade sem dinheiro, para evitar que uma nova forma de mercantilização e de fetichismo viesse a se impor nas novas condições. Corre-se o perigo de que as árvores impeçam ver o bosque, ao perseguir a quimera de realizar o socialismo com a ajuda das armas conspurcadas que nos legou o capitalismo (a mercadoria como célula econômica, a rentabilidade, o interesse material individual como alavanca etc.). Como se argumentava, "não se pode construir o socialismo com instrumentos capitalistas".

Nos balanços sobre as razões do fim da URSS predominam, ao contrário, os argumentos extraídos de Marx, segundo os quais uma sociedade não se esgota enquanto todas as suas condições de desenvolvimento não estejam superadas. Isto é, as condições que os homens encontram são limites absolutos para as alternativas históricas de cada momento.

O que se passou com o socialismo na sua primeira forma histórica de existência?

3
O MUNDO CAMINHA PARA O SOCIALISMO

O século XX nasceu sob a égide do socialismo. Seria o primeiro século em que capitalismo e socialismo disputariam abertamente a hegemonia no mundo.

A fase recessiva do ciclo longo do capitalismo no final do século XIX — entre 1872 e 1893 — representou sua passagem à fase imperialista. Concluía-se a divisão do mundo entre as grandes potências e, a partir dali — segundo as análises de Lenin, mas também de Hobson, Hilferding, Rosa Luxemburgo, Bukharin —, a expansão de uma delas teria que ser feita às custas da outra. O capitalismo concluía a internacionalização do mercado, sem que isso tivesse significado uma homogeneização do mundo. Ao contrário, acentuava-se a fratura entre países imperialistas e periferia dominada.

A fase expansiva que se seguiu desembocou não na euforia do desenvolvimento, mas na Primeira Guerra Mundial. Nos anos anteriores, a humanidade teria vivido o que Eric Hobsbawm chamou de o melhor momento até ali de sua história, em que o crescimento econômico parecia se assentar na expansão de seus benefícios e as longas guerras do século que findava pareciam ser coisa do passado.

Um novo ciclo de descobertas parecia abrir à humanidade a era da tecnologia, em que o homem definitivamente controlaria as forças cegas da natureza e se prepararia para grandes aventuras. Em poucos anos, foram inventados o fonógrafo, a lâmpada, a metralhadora, a fibra sintética, a câmara fotográfica, o motor diesel, o automóvel, o cinematógrafo, o gramofone, o raio X, o telégrafo sem fio, a câmera de cinema, o rádio, a gravação magnética do som, a primeira transmissão da voz, a teoria da relatividade, as teorias de Freud, as teorias de Darwin. As ciências naturais e seus desdobramentos na tecnologia pareciam apontar o caminho da humanidade para o *progresso*.

O positivismo era a sua ideologia e penetrou das ciências naturais às nascentes ciências sociais, deixando até sua marca na política, em que o pensamento dos partidos radicais europeus teve seus desdobramentos na América Latina em partidos civis e na sua assunção também por militares. O Brasil é um exemplo dessa última versão, com sua Igreja positivista e com a lema "Ordem e Progresso", colocado pelos militares na bandeira brasileira, quando da proclamação temporã da República, no final do século XIX.

A Primeira Guerra Mundial pegou a humanidade desprevenida. A humanidade nunca mais foi a mesma depois daquela chacina. Ao contrário da Segunda Guerra, marcada pelos bombardeios aéreos, o que comandou os combates da Primeira Guerra foi a baioneta, o enfrentamento cara a cara, de baioneta, em que a fisionomia de quem mata e de quem morre está fisicamente presente.

Tudo parecia indicar que a seqüência histórica apontada por Marx, que levava do comunismo primitivo ao comunismo, passando sucessivamente pelos vários tipos de sociedade, se confirmava. O capitalismo, apesar de ter sido proclamado pela burguesia como o fim da história — "houve história, já não há mais", "todo o desenvolvimento histórico transcorreu na direção da sociedade burguesa" —, demonstrava irremediavelmente seu caráter histórico. Isto é, tinha começo, meio e teria fim. O capitalismo demonstrava sintomas claros de sua morte, justamente quando chegava a seu apogeu, vítima das contradições que o pensamento de Marx apontara de forma inquestionável.

Lenin havia antecipado esse epitáfio, ao dar a seu livro o nome de "O imperialismo, fase superior (ou final, conforme a versão original) do capitalismo". E a Primeira Guerra tinha exatamente o caráter que Lenin previra — uma guerra interimperialista; por uma nova repartição do mundo entre as grandes potências. Ao dar-se no coração do que de mais civilizado o mundo havia produzido, pegava os homens desprevenidos para explicá-la. Porém, mais além das visões contingentes, seu caráter interimperialista se impunha de forma clara.

A data de agosto de 1914 foi, dessa maneira, uma das mais decisivas no século. Pelo começo da guerra, que marcaria o fim da era de hegemonia européia na história mundial e o deslocamento dessa hegemonia para os EUA, assim como pelo que significou para as forças anticapitalistas. Aqui houve, em primeiro lugar, a definição dos partidos socialistas a respeito da guerra. Pela primeira vez, de forma clara, a alternativa entre *classe* e *nação*, entre identidade de classe ou identidade nacional se colocou para a esquerda.

O movimento operário havia nascido sob a égide do internacionalismo. O capitalismo, ao generalizar o reino do capital, criava ao mesmo tempo uma classe universal — o proletariado. O capital abole as fronteiras e, com isso, abole as divisões entre classes nacionais. A Comuna de Paris, ao nomear um operário alemão — justamente do país com o qual a França tinha mais conflitos e vinha de enfrentar numa guerra — como ministro de seu governo, testemunhava o advento de novos tempos na relação entre *classe* e *nação*.

Naquele agosto de 1914, o movimento socialista dividiu-se: a maioria dos partidos — que ficou com a denominação de *social-democrata* — apoiou a concessão de créditos de guerra para seus governos, o que significava dizer que apoiava seus governos em guerra contra outros governos. A questão nacional se sobrepunha à questão de classe para esses partidos. Significava dizer que os franceses têm interesses comuns diante dos alemães, independentemente de seus vínculos de classe. Rompia-se com o internacionalismo e, pela primeira vez de forma maciça, partidos de esquerda apoiavam sua burguesia numa guerra contra outra burguesia. Deixava-se de lado o caráter interimperialista da guerra, para fazer dela uma guerra *patriótica*, de uma pátria contra outra. Marx havia dito que "os operários não têm pátria". Tratava-se de dar uma pátria aos operários e não de proceder à sua abolição, segundo a interpretação dos social-democratas.

E a social-democracia nasceu assim, como força independente na esquerda apoiando suas burguesias na Primeira Guerra Mundial, na maior chacina que a humanidade havia conhecido, em campos de batalha que viam trabalhadores matando trabalhadores, como bucha de canhão na repartição do mundo entre as grandes potências imperialistas.

Os outros partidos, minoritários, onde se encontravam Lenin, Trotsky, Rosa Luxemburgo, adotaram o nome de partidos *comunistas* para se diferenciarem do que chamavam de partidos chauvinistas, que faziam prevalecer a lógica do interesse nacional — hegemonizado pelos interesses do grande capital — contra os dos trabalhadores. Sua linha passou a ser pacifista, pregando que os trabalhadores não apenas se confraternizassem com seus irmãos de classe do outro lado da barricada, como voltassem os fuzis contra suas próprias burguesias, segundo o lema: "Teu inimigo está dentro de teu próprio país".

Esse foi o segundo aspecto daquele agosto de 1914, que moldou em parte os destinos do século e, dentro dele, do socialismo no século. Porque os partidos dos países mais desenvolvidos economicamente — não por acaso, mais diretamente envolvidos na repartição do mundo, como potências imperialistas — ficaram, em sua maioria, com a social-democracia. Começava a delinear-se um dos parâmetros do socialismo no século XX: nos centros capitalistas mais desenvolvidos, hegemonia social-democrata, cada vez mais solidária com suas burguesias, menos vinculada ao internacionalismo e à ruptura com o capitalismo. Nos países menos desenvolvidos é que a posição de ruptura com o capitalismo, o internacionalismo, a autonomia operária se mantiveram. Não por acaso na Rússia as duas principais correntes — mencheviques (minimalistas) e bolcheviques (maximalistas) — se mantiveram contrárias à guerra, por ser impossível à social-democracia russa apoiar o governo czarista. Até a social-democracia ficou cindida, impondo-se a polarização entre centro e periferia do capitalismo dentro do próprio movimento operário.

Nunca a questão nacional — e, com ela o patriotismo, na sua versão chauvinista — se impõe com tanta força quanto no começo de uma guerra. Na Europa, o nacionalismo sempre foi um elemento conservador, porque não significou resistência contra uma dominação estrangeira — salvo nas suas periferias: Irlanda, país basco, Catalunha —, mas superioridade de um país sobre outro, de uma cultura sobre outra, em suma, dificuldade de convivência na diversidade, como expressão dos interesses hegemônicos de cada burguesia.

Portanto, nunca como naquele agosto de 1914 e no período que o sucedeu foi tão difícil lutar pelo socialismo, pelos ideais de classe, contra o capitalismo. Os partidos comunistas estavam isolados. No entanto, nas palavras de Lenin, se nunca é tão difícil lutar pela revolução como no início de uma guerra, nunca se torna tão fácil como no desdobramento da guerra, quando seu caráter interimperialista vai ficando cada vez mais claro, quando vai se revelando de forma crescente que são os trabalhadores que vão aos campos de batalha lutar pelos interesses de suas burguesias.

A Revolução Russa se deu no bojo da Primeira Guerra. Foi quando o Estado czarista, pretendendo sentar à mesma mesa que as grandes potências imperiais, participou ativamente da guerra, acentuando ainda mais a espoliação de um país periférico, agrário. A cadeia se rebentou no seu elo mais fraco; como diziam os revolucionários da época. Não o país mais rico, nem o mais pobre, mas aquele em que se condensavam de forma mais aguda as contradições. Nesse caso, entre um Estado que pretendia ser uma potência imperialista e sua estrutura social atrasada.

A guerra uniu nas frentes de batalha os operários das grandes cidades e setores do campesinato, arrancados da modorra e do isolamento do campo e jogados bruscamente em selvagens enfrentamentos bélicos. De forma explosiva estavam reunidos os ingredientes da revolução na Rússia. O lema "Paz, pão e terra" os materializou politicamente. A *paz* que todos almejavam, conscientes de que se tratava de uma guerra que interessava apenas ao Estado czarista. Uma *paz* que nem os mencheviques puderam implantar, dado que mantiveram as alianças com a Inglaterra e a França, que necessitavam do apoio russo para tentar segurar um pouco o ímpeto alemão.

Sem *paz*, não haveria combate à fome, uma vez que os orçamentos de guerra sugavam os parcos recursos que o país, desorganizado pelo esforço de guerra, ainda produzia. A ela se somava a *terra*, sonho milenar do camponês russo.

Assim se soldou a aliança operário-camponesa, atendendo ao chamado bolchevique para a constituição de conselhos de operários e soldados. Estes representavam trabalhadores urbanos e camponeses mobilizados para a guerra.

A revolução irrompia assim na periferia dos centros capitalistas e não no seu próprio centro, como Marx havia apontado. O socialismo, para este, seria a superação — ao mesmo tempo incorporação e negação — do capitalismo e, como tal, surgiria nos seus centros mais avançados. Aqui o nível maior de desenvolvimento econômico, de desenvolvimento das classes — e, portanto, da luta de classes —, faria combinar progresso econômico e contradições sociais, políticas e ideológicas.

Conforme a interpretação de Lenin, a irrupção da revolução primeiro na Rússia atrasada alteraria apenas o roteiro da luta anticapitalista, que começava na periferia, prenunciando apenas a extensão para seu coração. "É mais fácil tomar o poder na Rússia, porém muito mais difícil construir o socialismo." Na Europa desenvolvida o inimigo apresentaria mais resistências do que o fragilizado Estado czarista, porém, uma vez derrubado o poder capitalista, as condições de construção da nova sociedade seriam muito mais propícias.

Para confirmar as previsões de Lenin, terminada a guerra a crise social propiciou várias situações possíveis de tomada do poder, especialmente nos países derrotados — como a Alemanha, a Itália, a Hungria — que tiveram de pagar um ônus suplementar imposto pelos acordos do fim da guerra.

Pode-se dizer que, de alguma forma, entre 1919 e 1921, na Alemanha — a economia mais desenvolvida e, ao mesmo tempo, o país com as forças de esquerda mais fortes — se jogou o destino do socialismo no século. Um triunfo revolucionário na Alemanha teria atingido o capitalismo em um de seus bastiões mais fortes e assim rompido o isolamento do novo poder na Rússia. A superação da crise do capitalismo europeu no final do primeiro pós-guerra impôs o isolamento da Rússia soviética e delimitou as possibilidades de extensão do socialismo por muito tempo.

Fazer um balanço do socialismo no século XX implica voltar-se para a debilidade das forças anticapitalistas no centro do sistema — nos EUA, na Europa ocidental, no Japão —, antes de se voltar para o que aconteceu na URSS.

Todas as alternativas se estreitaram para aquela que foi a primeira forma de existência do socialismo. Tentar construir uma sociedade de superação do capitalismo na Rússia atrasada ou apostar tudo em revoluções em outros países do capitalismo avançado, no momento em que não apenas a crise do pós-guerra tinha sido superada, como o novo período apontava para respostas de extrema direita, como já sucedia na Itália de Mussolini e se confirmaria com o fortalecimento das alternativas de extrema direita (contra-revolucionárias) à crise de 1929, com o nazismo na Alemanha, o franquismo na Espanha, o salazarismo em Portugal.

O triunfo de Stalin na URSS impôs a primeira alternativa e, com ela, a consolidação de um regime que negava o capitalismo, mas que portava fortes características burocráticas e antidemocráticas. Para os que seguiam lutando pelo socialismo nos outros países do mundo, passou a ser um período de defensiva, de se defender do pior — o fascismo —, antes do que lutar por avançar. Tinham a URSS para defender, porém a linha oficial do movimento comunista internacional passou a subordinar a luta em todo o mundo à sobrevivência do regime soviético, restringindo a autonomia dos partidos comunistas e ajudando a isolá-lo em relação às outras forças de esquerda — social-democratas ou socialistas mais à esquerda dos PCs.

Os triunfos conseguidos na luta anticapitalista se deram em países que apenas verbalmente se submetiam às orientações de Moscou — a China de Mao Tsé-tung, a Coréia de Kim II Sung e o Vietnã de Ho Chi Minh, que seguiram lutando pelo poder, independentemente das orientações da URSS para adotar uma linha de alianças com setores da burguesia considerados nacionais. Confirmava-se porém, de forma dramática, a vocação do socialismo para estender-se em países já agora claramente periféricos do capitalismo, enquanto a esquerda sofria duros reveses na Alemanha, na Itália, na Espanha e em todos os países por onde se alastrava o fascismo.

Hoje sabemos que a polarização capitalismo/socialismo assumiu cada vez mais esse caráter de oposição entre as potências capitalistas desenvolvidas e os que se viam relegados pela ordem mundial dirigida por elas, aliados à URSS e aos outros países que haviam rompido com o capitalismo. Foram forças ou governos anticoloniais na África e na Ásia, movimentos de libertação nacional e anticapitalistas na América Latina, organizações de países do Terceiro Mundo, que encontravam na

URSS um anteparo à força hegemônica dos Estados Unidos. À negação do capitalismo estava configurada nessa aliança, porém não a sua superação.

A força econômica da URSS — hoje sabemos mais claramente — residia mais em seu poderio bélico — enquanto ele pôde se equilibrar com o norte-americano, antes da entrada em cena da informática adaptada ao uso bélico — e em setores de ponta da indústria, ligados a ela, do que numa generalização dos avanços tecnológicos. Desse destino a URSS não pôde escapar. Era inevitável? Certamente não. Mas as oportunidades históricas, uma vez não aproveitadas, costumam adiar as alternativas por longos períodos. E a prática — como dizia Trotsky — costuma ser implacável com os erros teóricos. Se o papel agüenta tudo, a história, não.

4
QUE MUNDO É ESSE?

O que mudou no mundo, desde que o Che nos deu o seu mapa, em 1965, na Mensagem aos povos do mundo através da Tricontinental?

Aquele mundo, ao completarem-se 21 anos do término da Segunda Guerra Mundial, era um mundo de "aparente otimismo" — dizia o Che —, apesar das confrontações violentas, da miséria, da degradação, da exploração cada vez maior. No momento da sua morte, apesar desse otimismo, o Ocidente parecia perder o fôlego. Corriam mundo as imagens de Biafra, pela primeira vez desde que a África ia conseguindo se tornar independente — imagens da miséria absoluta, do abandono total.

A década de 1960 surgia, no entanto, como um momento aberto da história dos homens. Porque se é verdade que os homens fazem a história a partir das condições herdadas, os que chegaram à política nos anos 60 puderam receber uma herança com mais possibilidades, com mais potencialidades de mudanças radicais.

Hoje sabemos, lendo o balanço de Hobsbawm, que já nos anos 50 se gestava a superioridade do bloco capitalista sobre o chamado "campo socialista". Os "trinta anos gloriosos" — como alguns o chamariam depois para designar as décadas seguintes ao segundo pós-guerra — coincidiram com a "época de ouro" do capitalismo, como a caracterizou Hobsbawm. Nunca esse sistema cresceu tanto como naqueles anos. Comandado pela consolidação da liderança tecnológica e militar dos EUA, impôs-se a "civilização do automóvel". Mais que um estilo de vida — em que o status é dado pelo automóvel, pela marca, pelo modelo, pelo ano, pelos acessórios —, representava um tipo de sociedade apoiada no petróleo barato. O que por sua vez significava submissão dos países árabes, principais detentores das reservas petrolíferas do mundo.

Nunca o capitalismo havia crescido tanto como naqueles anos. E cresceu com uma economia relativamente regulada. Afinal, ele havia aprendido da crise de 1929, aquela que, até aqui, foi a que mais desarranjou sua economia. Aprendeu, a partir de Keynes, nem tanto que a dinâmica do mercado não dá conta da geração de empregos, como que essa dinâmica, deixada por si mesma, produz — como havia escrito Marx — crises cíclicas, cuja capacidade de devastação aumenta cada vez mais.

O capitalismo aprendeu daquela crise, deu-se conta de que tinha de tratar de evitá-las ou pelo menos minimizá-las. Não somente pelos estragos que causa: destruição de riquezas produzidas, crise social, desequilíbrios políticos. Mas também porque as crises econômicas trazem à superfície, de maneira mais clara, a irracionalidade do capitalismo. Porque, até o capitalismo, as crises eram de escassez, por causas naturais ou humanas — lavoura prejudicada por mau tempo, distúrbios provocados por guerras, epidemias etc. Com o capitalismo, se dá essa estranha e irracional combinação entre excesso e escassez, isto é, porque há mercadorias demais para a capacidade de compra das pessoas ou, em outras palavras, há capacidade de compra *de menos*. Fábricas fecham, trabalhadores são despedidos, enquanto as mercadorias apodrecem nas prateleiras de lojas vazias. Sobram coisas e sobra gente. A crise tem um papel "saneador" — diriam os economistas, preocupados com equilíbrios macroeconômicos. Depois de grandes saculejos, que significam regressão econômica, piora das condições de vida da grande maioria da sociedade, se restabelece um equilíbrio, num nível mais baixo que o anterior à crise, mas o que interessa ao capitalismo é que volta a se dar a reprodução do capital.

Assim, o capitalismo cresceu mais justamente quando foi menos liberal, quando mais regulamentou a economia. Foi menos injusto quando foi menos liberal. Claro que o chamado "Estado de bem-estar social" existiu praticamente só na Europa, representado pelo pleno emprego. Pressionados externamente, pela existência da URSS e do chamado campo socialista, e internamente, pela força dos partidos comunistas — vanguardas aguerridas na resistência antifascista, enquanto praticamente todos os partidos tradicionais capitulavam ou não demonstravam nenhuma capacidade de resistência —, os países capitalistas da Europa ocidental tiveram que fazer concessões e nenhuma entre elas teve tanto peso como o pleno emprego.

O período histórico do segundo pós-guerra se assentou em três fenômenos: o fordismo no Ocidente capitalista, o sovietismo nos países do Leste europeu e o desenvolvimentismo no Terceiro Mundo. Nos primeiros dez anos posteriores ao fim da guerra, os Estados se valeram da hegemonia consolidada durante a guerra sobre o sistema capitalista para acelerar a sua modernização econômica, generalizando o sistema fordista. A utilização da bomba atômica em Hiroshima e Nagasaki serviu igualmente como demonstração de seu poderio militar e até onde ele poderia chegar.

A Europa, que não havia sabido bloquear o surgimento e a expansão do fascismo em seu seio, depois não foi capaz de resolver os conflitos gerados que, mais uma vez, dependeram da intervenção norte-americana, dessa vez junto com a URSS. O continente saía enfraquecido, a Itália e a Alemanha derrotadas, a França debilitada por ter capitulado praticamente sem resistência à invasão alemã e a Inglaterra, vitoriosa, era uma sombra da potência dinâmica do século anterior.

A reconstrução européia — centrada no Plano Marshall, dirigido prioritariamente para a Alemanha e para a Itália — se fazia sob a pressão da existência do campo socialista, constituído pela URSS e pelos países do Leste europeu, e pelo fortalecimento dos partidos comunistas — especialmente na França, na Itália e na Grécia —, por terem sido os maiores protagonistas da resistência à ocupação estrangeira e ao fascismo. O chamado Estado de bem-estar social ganhou assim a dupla característica de política anticíclica — tentativa de neutralizar a existência ou os efeitos das crises cíclicas do capitalismo — e de pacto social com o movimento operário, tendo no pleno emprego sua pedra de toque.

No Leste asiático, de forma similar, a reconstrução do Japão se fazia sob a pressão da revolução chinesa e do pânico ocidental de seu alastramento por toda a região, cujo sintoma foi a vitória revolucionária na Coréia. Além dos investimentos maciços no Japão, a pressão norte-americana desembocou em reformas agrárias, que visavam neutralizar os conflitos nesse campo, com medo da revolução agrária de Mao Tsé-tung.

Em ambos os casos das principais potências derrotadas — a Alemanha e o Japão —, os EUA consolidarão sua hegemonia pela proibição, nos acordos de fim da guerra, de construírem seus próprios poderios bélicos. Esse aspecto, se favorecê-los-á, fazendo com que concentrem seus recursos em outros ramos industriais e nas pesquisas tecnológicas, bloquear-lhes-á a possibilidade de se tornarem grandes potências.

A URSS havia cruzado a década de 1930 com uma industrialização compulsiva, depois de ter quebrado a resistência camponesa mediante o terror, no final da década anterior, trauma de que a agricultura soviética nunca se recuperará. Contemporaneamente, Stalin havia consolidado seu poder, destruindo o que havia restado da velha guarda bolchevique mediante a perseguição e o fuzilamento, por meio de processos na URSS e atentados fora, como ocorreu com Trotsky, assassinado no México.

No entanto, havendo ou não informação sobre o que ocorria dentro da URSS, o prestígio do país cresceu no mundo com a formidável capacidade de resistência demonstrada contra a

Alemanha nazista. Se uma primeira geração de comunistas havia aderido à revolução sob o impacto do triunfo soviético de 1917 e seus primeiros anos heróicos, uma segunda geração aderiu pela tenacidade da luta antifascista da URSS e dos partidos comunistas, em comparação com a debilidade das potências ocidentais e dos partidos burgueses.

Porém, esse prestígio político e a constituição do campo socialista enfrentariam com os efeitos econômicos negativos da dura guerra que a URSS havia levado contra a Alemanha nazista. A URSS se qualificava como potência mundial, ao dividir as decisões fundamentais do mundo de pós-guerra com os EUA nos acordos de Yalta. Porém, para estar à altura dessa posição, a URSS concentrará seus esforços no campo militar, dada a superioridade inconteste dos EUA nesse campo naquele momento.

A chamada "guerra fria" consiste nesse empate militar — que logo será nuclear — entre as duas superpotências. Ela coincide com um ciclo longo expansivo do capitalismo e com um período de acelerado desenvolvimento militar da URSS, que no entanto vai perdendo a concorrência no plano econômico com as potências ocidentais.

Na saída da guerra se inicia o processo de descolonização, paralelo à decadência das potências colonizadoras européias, que se prolongará por cerca de quinze anos. A um centro industrializado se contrapõe uma periferia agrária, com forte sentimento nacionalista na África e na Ásia.

A ideologia desses movimentos, além de anticolonialista, se torna antiimperialista e centra a conquista econômica de sua autonomia no desenvolvimento que significa sobretudo industrialização. Como conseqüência do antiimperialismo, estabelece-se uma aliança com a URSS, que vê abrir-se então um campo de alianças internacionais novo, ainda que diretamente circunscrito ao Terceiro Mundo.

A emergência do Terceiro Mundo na cena política mundial marca todo o período que vai de 1955 a 1975. Enquanto processos de industrialização transformam as várias áreas da periferia capitalista — mais na Ásia e na América Latina —, em graus diversos, ao mesmo tempo o sistema capitalista se reestrutura em escala mundial. Alguns mitos marcaram essa época histórica: do lado das potências capitalistas, a idéia de que o Estado de bem-estar era uma conquista irreversível, presente na frase de Richard Nixon: "Somos todos keynesianos". Na URSS, o mito — afirmado por Kruschev — de que o desenvolvimento econômico desse país o faria ultrapassar os EUA em poucas décadas. No Terceiro Mundo, o mito de que a industrialização levaria os países da periferia do capitalismo ao patamar do Primeiro Mundo, tornando-os independentes econômica e politicamente.

Foi o período histórico em que maior quantidade de avanços foram conseguidos tanto pelos países do Terceiro Mundo quanto pelos trabalhadores dos países do centro capitalista, assim como foi quando os países do campo socialista mais avançaram em seu desenvolvimento econômico. Aqui, uma espécie de pacto social entre os governos, que se responsabilizavam pelo nível de vida dos trabalhadores e estes, que delegavam — enquanto seu nível de vida era atendido — legitimidade àqueles governos, sem participar deles.

Pertencem a esse período a revolução argelina, a revolução cubana, a vitória definitiva dos vietnamitas e a extensão de seu triunfo para o Cambodja e para a Laos, a vitória de Angola, Moçambique e da Guiné-Bissau sobre o império português, com a queda do salazarismo. Organizaram-se também movimentos específicos da periferia capitalista, como o Movimento de Países Não-Alinhados, a Organização dos Países Produtores de Petróleo (Opep), entre outros.

O período seguinte, iniciado em meados dos anos 70, coloca em questão toda a armação da política internacional do pós-guerra. O mito do crescimento indefinido se choca com um de seus limites — o abastecimento de petróleo —, que funciona como alavanca para uma crise muito mais profunda do capitalismo. A civilização capitalista tinha podido se constituir como "civilização do automóvel" porque se apoiava no abastecimento ilimitado de petróleo e, portanto, na subordinação dos países árabes, principais detentores das reservas mundiais.

Quando a questão palestina fez despertar nos governos árabes o peso que podiam ter como produtores de petróleo, especialmente a partir da guerra de 1967, gerou-se uma situação de descontrole por parte das potências ocidentais. De fato, a produtividade já vinha caindo há alguns anos, fazendo com que um excedente de capital girasse pelo mundo em busca de novas oportunidades — os chamados "eurodólares". A explosão social do ano de 1968 evidenciava também uma saturação do modelo de desenvolvimento predominante, cujos limites ficariam mais claros alguns anos mais tarde.

Se até 1973 o capitalismo havia vivido um ciclo longo expansivo, a partir daquele momento entrará em um ciclo longo recessivo, do qual não consegue ainda sair. Apesar das renovações tecnológicas concentradas da década de 80, apesar do final da URSS e dos países do Leste europeu, abrindo um extenso campo de investimentos com mão-de-obra qualificada, apesar disso o capitalismo não logrou retomar uma nova dinâmica de crescimento.

As razões situam-se nas políticas prevalecentes no novo período, que se baseiam em distintas formas de desregulamentação econômica, alma da ideologia neoliberal. Esta faz do Estado e, com ele, da desregulamentação, o réu do esgotamento do período de crescimento anterior. Seriam as travas impostas ao mercado as responsáveis, pregando então um retorno ao mercado como alocador de recursos na economia.

Ao fazê-lo, geram-se as condições para a hegemonia do capital financeiro. Uma característica central do novo período passa a ser uma taxa de juros mais alta que a taxa de lucro, favorecendo assim os investimentos especulativos em detrimento dos produtivos. Sem freios para buscar o melhor retorno — o mais alto, com menor risco e prazo mais curto —, o capital se canaliza para um processo de autonomização do sistema financeiro. Esse movimento, por sua vez, impede que o capitalismo possa fazer uso dos novos avanços tecnológicos em toda sua amplitude, para impor um novo ciclo de crescimento.

Ao lado do esgotamento do ciclo longo expansivo do capitalismo, entrou em crise também a concepção do socialismo, seja como uma fase inevitável da história da humanidade, seja a de que seu motor é o desenvolvimento das forças produtivas. Se foi o atraso nesse último campo o que antes de tudo condenou a URSS à inferioridade na competição com as potências capitalistas, foi paradoxalmente o critério de onde o antigo poder soviético buscou tirar suas vantagens.

A confiança na "roda da história" que "não voltaria para trás" levou, por sua vez, à consagração dos *slogans* de que o futuro condenava necessariamente o capitalismo à morte. Afinal, tudo que é histórico nasce, vive e morre de suas próprias contradições. O que se discutia até os anos 70 é como e quando o capitalismo morreria, até mesmo nos meios intelectuais e políticos adeptos desse regime. A URSS parecia ser o regime mais estável do mundo — pelo seu enraizamento na história, para os comunistas, pelo seu "totalitarismo", para seus críticos ocidentais. Mas ninguém — menos ainda a "sovietologia" norte-americana — prognosticou a possibilidade de sua extinção.

Desde que o capitalismo ocidental sobreviveu à sua crise no primeiro pós-guerra, os teóricos marxistas tiveram dificuldades de enfrentar o problema. Para Trotsky, o capitalismo sobrevivia agudizando suas contradições, cada solução de problema estreitaria as margens de resolução de seus nós. Para os teóricos soviéticos, a "crise final" do capitalismo apenas havia sido adiada. A partir dos anos 30, essa crise passou a ser periodizada: "primeira fase" da crise final do capitalismo, "segunda fase" etc.

Enquanto isso, a URSS tinha conseguido, pelos acordos de Yalta, apenas o direito de constituir um muro de proteção na Europa oriental e o reconhecimento de que era a outra superpotência e, nessa qualidade, de ganhar, a partir das zonas de influência definidas por aqueles acordos, uma espécie de direito de veto. Foi somente a partir da morte de Stalin e do XX Congresso do PC soviético (1956) que a URSS passa a delinear uma política de alianças com o Terceiro Mundo, ao mesmo tempo que demonstra sua força militar com o lançamento do Sputnik ao espaço, em 1957.

Naquele momento, porém, se dá uma reafirmação eufórica do economicismo que marca a concepção soviética do socialismo mediante a afirmação de que a URSS ultrapassaria a economia norte-americana em duas décadas. Enquanto isso, o capitalismo ocidental consolidava suas vantagens em relação ao campo socialista, seja na sua versão norte-americana, seja nas ascendentes economias alemã ocidental e japonesa.

A desaparição rápida e praticamente sem resistências, três décadas depois, viria confirmar dramaticamente o erro de qualquer concepção evolucionista da história. Desmentiria tanto a visão predominante até aquele momento no movimento comunista internacional de que a URSS e o campo socialista eram o patamar mais avançado e irreversível de avanço da história na direção do socialismo, quanto as visões críticas — originárias em geral do pensamento de Trotsky — segundo as quais a derrubada do poder soviético tendia a ser feita pelos trabalhadores organizados na direção de um socialismo democrático e autogestionário.

No Terceiro Mundo se esgotaria o projeto de desenvolvimento industrial, baseado na substituição de importações como via de superação do atraso. A crise da dívida seria apenas a explosão à superfície de como os mecanismos de financiamento dos países e organismos do hemisfério norte são uma bomba de tempo que, quando o capital financeiro se fortalece, desemboca em crises como aquela, que penhorou as perspectivas de desenvolvimento do Terceiro Mundo.

Até aquele momento o horizonte se apresentava favorável a países considerados "potências intermediárias emergentes", entre os quais se encontravam o Brasil, o México, a Índia, o Paquistão, a África do Sul e Israel. A década de 1980 rebaixará todos ao mesmo nível dos demais, destruindo a via de acesso privilegiado deles ao bloco de países que dividem entre si o poder de decisão sobre os destinos do mundo.

O único país entre aqueles que efetivamente conseguiu dar um salto de qualidade foi a Coréia do Sul. Sendo um país que — como tantos outros do Terceiro Mundo — teve uma ditadura militar tão violenta e corrupta como outros, com a superexploração da mão-de-obra, que gerou tanto um movimento estudantil combativo quanto um movimento sindical de base forte, a Coréia do Sul adotou um modelo distinto dos demais.

Em primeiro lugar porque, pressionada pelos Estados Unidos — temerosos de revoluções agrárias como as da China, do Vietnã e da Coréia do Norte —, realizou uma reforma agrária, para tentar desativar os conflitos sociais no campo. Em segundo lugar, em vez de importar capitais, a Coréia do Sul importou tecnologias — especialmente do Japão —, qualificou altamente sua mão-de-obra e gerou sua própria tecnologia.

Dessa forma, a Coréia do Sul pôde desenvolver um projeto de inserção própria — não subordinada — no mercado internacional. Escolheu os setores de alto desenvolvimento tecnológico — indústria automobilística, informática, telefonia celular, televisores —, protegeu-os e conseguiu, com forte presença estatal, ganhar competitividade que lhe permite disputar mercados com as potências mais desenvolvidas do mundo nesses ramos.

Seu modelo foi a antítese do neoliberalismo. Sua indústria automobilística, por exemplo, é toda coreana, metade estatal e metade privada. Seus índices sociais apresentam uma diferença significativa em relação a países como o Brasil, a Índia ou o México; seu nível de investimento em pesquisa e tecnologia é três ou quatro vezes maior que o daqueles países e, mesmo quando entra em crise, sua economia cresce mais do que 5% ao ano, com índices muito baixos de desemprego.

A nova ordem mundial, por que lutavam as forças do Terceiro Mundo, surgiu, porém, com uma fisionomia totalmente oposta a seus desígnios. Essa nova ordem se baseia:

• na desaparição da URSS e do campo socialista;

• na derrota do Terceiro Mundo e na modificação profundamente negativa de suas relações com as potências capitalistas e seus organismos internacionais, como o Banco Mundial, o Fundo Monetário Internacional (FMI) etc.;

• na consolidação dos EUA como única superpotência mundial;

• na afirmação do neoliberalismo como ideologia da nova fase histórica do sistema capitalista em escala planetária.

O equilíbrio nuclear entre os EUA e a URSS deu lugar aos três megamercados mundiais. Estes giram em torno das três maiores economias — a dos EUA, a da Alemanha e a do Japão, que organizam sua periferia para melhor competir entre si.

O processo de unificação européia é o que ganhou um perfil mais definido, por ter sido aquele que amadureceu ao longo de um maior espaço de tempo, além de consistir num esforço de resistência de um continente que perdeu força relativa ao longo do século. Trata-se de um processo centrado na unificação monetária, como os próprios referendos convocados dão prova, ao perguntar se os cidadãos desejam "uma moeda única" e não uma cidadania européia. Nesse processo de unificação, o Banco Central alemão, como entidade diretora do país com moeda mais forte, tem o papel de tutela. Os critérios para incorporar-se à moeda única européia definem níveis de déficit público e de inflação e, por tabela, níveis de gastos sociais e outros. Assim, os países de menor nível de desenvolvimento econômico — como por exemplo Portugal e Grécia — têm de se adaptar a critérios relativamente uniformes, definidos a partir de países com menores problemas — como Alemanha, Holanda ou os países escandinavos.

A unificação européia aproxima assim as economias de seus países. A Itália está mais perto da Bélgica, a Espanha da Suécia. Porém, como todo processo de integração é regulador, todos esses países estão mais longe da Argentina, da África do Sul, da Índia ou da Argélia.

A ideologia neoliberal faz com que tanto governos europeus quanto o norte-americano e o japonês bradem pela abertura dos mercados dos países do hemisfério sul, pela extinção das regulamentações, pela virtual desaparição dos nossos Estados, mas eles mesmos protegem seus mercados internos, promovem suas exportações, valem-se de seus Estados nacionais como instrumentos de promoção de seus interesses.

O mesmo acontece com o Acordo Norte-Americano de Livre Comércio (Nafta), adequado às condições de suas dimensões e da presença ainda mais avassaladora dos EUA e da situação de inferioridade ainda mais marcante do México em relação a seu vizinho do Norte e ao Canadá. A expectativa de que a abertura dos mercados propiciaria um enorme fluxo de capitais dos EUA para o México, valendo-se da mão-de-obra incomparavelmente mais barata, se frustrou. As empresas voltadas para a exportação, especialmente na fronteira com os EUA, foram privilegiadas, mas no geral a economia mexicana sofreu os embates de uma integração econômica que a levou a graves desequilíbrios, resultando em sua crise do final de 1994.

Naquele momento ficou ainda mais claro o interesse estratégico dos EUA no petróleo mexicano, dado que a maior potência econômica e militar do mundo dispõe de reservas para mais uma ou duas décadas, enquanto o México possui as maiores reservas não exploradas de petróleo.do mundo. Em troca dos empréstimos, mediante os quais o governo mexicano pagou os papéis comprados por especuladores norte-americanos, foi imposto o depósito em bancos norte-americanos das divisas obtidas com a exportação petrolífera mexicana.

Esses três megamercados situam-se no hemisfério norte — no sentido político do termo, isto é, congregam basicamente as grandes potências industriais. No Norte situam-se cerca de 20% da população mundial, que concentra em torno de 85% da riqueza mundial. No Sul, em contraposição, 80% da população do mundo concentra cerca de 15% da riqueza mundial. Como essa repartição não é fruto de vantagens naturais ou de algum tipo de diferença original, trata-se de um processo histórico que, ao mesmo tempo, distribui de forma assimétrica as relações de poder — político, militar, financeiro, tecnológico, de meios de comunicação.

Assim, em torno das grandes potências do hemisfério norte se constituiu uma espécie de "governo mundial", que tem nos chamados "sete grandes", uma espécie de executivo; e no Banco Mundial, no FMI, no Tesouro norte-americano, na Organização Mundial de Comércio (OMC) — espécies de órgãos de um ministério econômico do mundo. Depois da desaparição da URSS e dos reveses do Terceiro Mundo, os EUA voltaram a valorizar a ONU, pelo menos para corroborar decisões suas, como foi o caso da guerra do Golfo. Assim, a ONU, agora com hegemonia reconquistada por Washington, passa a fazer parte desse organismo supranacional.

Não se trata de eliminar os Estados nacionais. A nova fase da internacionalização econômica tem no capital financeiro seu principal agente. A difusão mais extensa das inovações tecnológicas, por sua vez, não é um processo generalizado, mas seletivo. Certos ramos industriais — como a indústria automobilística — que deixaram de ser indústrias de ponta são transferidos para zonas do Terceiro Mundo, ainda assim para aquelas que apresentam pelo menos certo nível de qualificação de mão-de-obra, certo nível de desenvolvimento da infra-estrutura interna e algum nível de desenvolvimento do mercado interno. Ainda assim esse último aspecto não é essencial, levando em conta que se trata basicamente de produzir modelos mundiais, reexportando-os inclusive para os centros capitalistas.

Setores tecnologicamente mais avançados podem ser deslocados — como o caso da indústria de computação norte-americana na Índia —, porém de forma seletiva, sem transferir tecnologia que ficasse a cargo de empresas nacionais daquele país.

Para que esse processo de deslocamento se dê, é necessário que a soberania nacional dos Estados da periferia seja enfraquecida, que os capitais possam circular livremente, o que se transforma num critério para que os investimentos fluam. Quanto aos Estados dos países centrais do capitalismo, eles continuam sendo os articuladores de seus interesses em escala mundial.

O novo cenário mundial aboliu o inimigo central em função do qual os EUA agiam — a URSS e o fantasma do comunismo. A partir daquele momento iniciou-se a busca de novos inimigos, que atuassem para catalisar a unidade interna de uma sociedade cada vez mais fragmentada social e culturalmente e para reatualizar o papel central dos EUA diante de seus aliados externos.

Foi nesse marco que se consolidou a nova divisão internacional do trabalho, chamada de forma simplificada de "globalização". A palavra designa algo de real. No novo marco, o capitalismo dá seqüência ao processo de internalização de suas relações, de extensão do mercado em nível mundial. Integram-se agora a URSS e os ex-países do Leste europeu, enquanto a China e Cuba redefinem suas relações com o mercado internacional. Não é que tivessem existido dois mercados mundiais justapostos — um capitalista e outro socialista. Aquele sempre foi a totalidade maior que englobava ou condicionava tudo. Porém, o planejamento econômico e os intercâmbios privilegiados entre os países da então chamada Comunidade Socialista permitiam relativa autonomia para esses países. Assim, como exemplo muito citado, o preço do açúcar cubano comprado pela URSS esteve, na maior parte do tempo, acima do preço do mercado mundial. Porém, como era inferior ao seu preço de custo na URSS e como esse intercâmbio era resultado de uma preferência política, esses outros fatores definiam uma forma particular de intercâmbio, diferenciada dos mecanismos vigentes no mercado mundial.

O fim da URSS foi um dos elementos definidores da nova divisão internacional do trabalho. Nela, o capitalismo impõe suas relações numa dimensão jamais existente no mundo. A palavra "globalização", no entanto, dá conta apenas de um aspecto do fenômeno e sua utilização, mais do que meia-verdade, reveste o caráter de manipulação ideológica.

Faz-se passar a idéia de que tudo circula livremente, em todas as direções. Em primeiro lugar, não é tudo que circula. A internacionalização acelerada é, antes de tudo, do capital financeiro, da tecnologia e dos grandes meios de comunicação. Ainda assim, não se trata de uma circulação indiscriminada: o capital financeiro consolida a hegemonia dos grandes bancos internacionais, do Banco Mundial e do FMI, em detrimento do capital financeiro dos países de menor grau relativo de desenvolvimento. Da mesma forma que a tecnologia não passa a estar acessível a todos, mas reafirma a hegemonia das grandes corporações multinacionais, depois de ver seus interesses particularmente atendidos pelos acordos da OMC. Quanto aos novos meios de comunicação, está claro que a Internet — pela qual um estudante norte-americano não paga nada, enquanto um africano tem que despender um dólar por minuto — não significa um diálogo fluido e nas duas direções de forma similar.

Quanto ao que se globaliza, está claro que a força de trabalho sofre restrições ainda maiores do que as atuais. Tanto a mão-de-obra africana na Europa ocidental, quanto as originárias dos ex-países socialistas da Europa do Leste e a latino-americana nos Estados Unidos. Não existe um mercado mundial de mão-de-obra e menos ainda uma democratização política ao nível mundial, ou mesmo regional, que acompanhe a internacionalização das relações econômicas. Enquanto os Estados nacionais vêem retiradas muitas de suas atribuições, devido à abertura das economias ao mercado internacional, resta a esses Estados impotentes as conseqüências sociais de tal processo, para as quais eles se vêem privados de recursos e de instrumentos.

Ao mesmo tempo que avança a internacionalização das relações econômicas, desenvolve-se o processo de integração regional. Integrar é, por definição, regulamentar, privilegiar alguns parceiros e, como conseqüência imediata, colocar travas para outros. Assim, se a Bélgica está mais próxima da Espanha e da Grécia, todos eles estão mais distantes da Argentina, do México e da Guatemala. Quando, por exemplo, Portugal coloca obstáculos à entrada de trabalhadores brasileiros, não o faz como política do Estado português, mas como resultante do fechamento da Europa para a mão-de-obra externa. Cabe a Portugal exercer esse papel, por se situar na "porta dos fundos" da Europa e assim ter de bater a porta na cara dos possíveis imigrantes.

A chamada "globalização" é então um processo contraditório, para o qual o nome passa uma idéia redutiva e, sobretudo, ideológica, que destaca aspectos que favorecem ao grande capital e especialmente às corporações das grandes potências econômicas. Existe uma estratégia internacional do grande capital, articulada em torno do Banco Mundial, do FMI, dos sete grandes, da OMC e das grandes corporações, sem que exista uma estratégia internacional do trabalho que possa reequilibrar minimamente a relação de forças na nova divisão internacional do trabalho.

A guerra do Golfo — a primeira do pós-guerra fria — reflete a nova correlação de forças, os novos impulsos para agir e as novas modalidades hegemônicas no mundo. A vitória dos EUA foi produto da combinação ótima entre a superioridade militar e o monopólio mundial dos meios de comunicação. Vencer e dar a versão da vitória e da derrota — disso se tratou para os EUA — diante da passividade da Rússia e do financiamento das outras grandes potências — Alemanha e Japão.

Não importa se os EUA praticamente já não fabricam televisores. Eles se contentam em produzir 75% da programação que povoa as telinhas pelo mundo afora, que é o que efetivamente interessa ideologicamente e é ao mesmo tempo o que é mais valorizado economicamente.

O mesmo acontece com o comércio de armas. Terminada a "guerra fria", houve campanhas de países como Cuba a favor de uma reversão dos recursos da carreira armamentista para um Fundo de Desenvolvimento que privilegiasse projetos para o chamado "quarto mundo", no qual a África ocupa um lugar especial. Nada disso aconteceu. Nos primeiros anos pós-"guerra fria", houve uma queda pela metade do comércio de armamentos no mundo, com a ex-URSS ficando reduzida a 10% do que exportava anteriormente. Os EUA aproveitaram para assumir a liderança subindo de um quarto para cerca de 40% desse comércio. Os novos conflitos mundiais — no Oriente Médio, na ex-Iugoslávia, no Afeganistão, na África, na Tchetchênia — encarregaram-se de dar vazão à produção.

A nova ofensiva da indústria bélica se volta agora para a América Latina, o continente que, como resultado do embargo de venda de armas no governo Carter, ficou excluído desse comércio, passando a ser a zona do mundo com menor quantidade de recursos destinados à compra de armamentos. A imagem dos bombardeiros ingleses descarregando suas bombas sobre o Palácio de La Moneda, no Chile, onde resistia o presidente constitucionalmente eleito Salvador Allende, serviu para que o governo Carter impusesse o embargo sobre venda de armamentos a países da América Latina considerados ditatoriais, onde seus governantes os utilizariam para bombardear inimigos e não para defender suas fronteiras.

Naquele momento, quem se aproveitou da circunstância foi a indústria bélica brasileira. Diferenciou seus contratos de fabricação, produzindo armamentos com licenças de países como a Bélgica, a Itália, Israel, a Suíça e vendendo-os, "sem pedir atestado de ideologia" — como argumentavam na época —, isto é, desconhecendo o uso que se faria do material. Foi assim que esse ramo da indústria brasileira cresceu aceleradamente durante o período de ditadura militar, privilegiando suas vendas para o Oriente Médio, onde o Iraque, o Irã, a Líbia, a Arábia Saudita, o Kuwait, a Argélia eram grandes compradores.

Foi de novo sob a égide de Pinochet que o comércio de armamentos mudou de etapa no continente. A guerra do Golfo havia fechado a torneira para a indústria bélica brasileira. Os EUA se assentaram militarmente no Oriente Médio para não sair, enquanto o Iraque ficou impossibilitado de qualquer compra de armamentos. Nesse marco é que os grandes produtores de armamentos se voltaram para a América Latina, como uma área com um potencial de consumo ocioso.

Para isso foi necessário mudar a legislação norte-americana e o discurso político. Este passou a se fundar na "maturidade" dos regimes democráticos do continente, que já não necessitariam ser tutelados, que já disporiam de critérios para fazer bom uso do armamento comprado. Quanto à legislação, os mais de 10 milhões de dólares para financiamento de campanhas — de Clinton a Gingrich, passando por todos os membros da comissão de defesa, encarregada de abolir o embargo — fizeram sua parte.

Valeu também o argumento de que o Peru, em sua guerra com o Equador, havia comprado bombardeiros da Belarus, enquanto seu vizinho teve de se valer da compra de similares de Israel — de licença norte-americana. Assim, os EUA se viram marginados desse mercado por um anacrônico embargo.

Rapidamente voltaram a existir as feiras de armamentos, patrocinadas por Forças Armadas, cujo perfil e auto-estima haviam sido reduzidos à sua mínima expressão, ávidas de modernizar seu arcaico arsenal. De novo a figura de Pinochet voltou a desempenhar seu papel: foi o Chile, onde o ditador havia reservado como uma de suas prendas 10% das divisas de exportação do cobre para as Forças Armadas, que reiniciou o comércio de armamentos, comprando aviões F-16 e F-18, atitude que não poderá ser vista sem "apreensão" por seus vizinhos com conflitos fronteiriços — Argentina, Peru, Bolívia —, e que é tudo o que deseja a indústria bélica.

Assim, as mesmas grandes potências que, por intermédio do Banco Mundial e do FMI, impõem duras políticas de ajustes fiscais no continente, com a outra mão vêm oferecer armamento para Estados em profunda crise fiscal. Quinhentos aviões até o ano 2010 é o objetivo da indústria bélica para o combalido continente, dos quais cento e vinte para o Brasil, a preços que vão de 24 a 30 milhões de dólares cada um.

5
O NEO-IMPERIALISMO

Com o triunfo na guerra do Golfo, os EUA deslocaram qualquer outra presença na região, enfraqueceram o Iraque e reafirmaram, nas novas condições, sua hegemonia, apoiada na superioridade militar e dos meios de comunicação. A presença das tropas norte-americanas se tornou permanente, o abastecimento do petróleo da região ficou garantido e a unidade dos governos árabes ficou inviabilizada pela hipoteca que pelo menos países como o Kuwait e a Arábia Saudita passaram a ter com Washington.

A década de 1990 revelou a nova fisionomia do mundo: do ponto de vista político, militar e dos meios de comunicação, os EUA se consolidaram como potência hegemônica inquestionável. O bloco de grandes potências capitalistas referendou seu domínio econômico, político e financeiro sobre o mundo, mediante órgãos de consulta e coordenação, por meio dos quais regulamentam suas relações, redefinem as regras econômicas do mercado mundial e acertam suas diferenças.

Quanto à economia, segue seu ciclo longo recessivo, iniciado em meados dos anos 70. Depois de um período em que o dinamismo das economias renovadas no pós-guerra — Japão e Alemanha — funcionava como locomotiva do crescimento — ainda que em nível claramente mais baixo que no ciclo expansivo do pós-guerra — e em que a deterioração econômica dos EUA e da Inglaterra se acentuou, a última década do século XX apresenta um quadro oposto. A Alemanha, às voltas com a unificação de seu país e com a unificação européia, entrou num processo de estagnação econômica sem precedentes desde o fim da última Guerra Mundial. Enquanto isso, o Japão também passava a apresentar índices de estagnação econômica, encalacrado num sistema financeiro que, depois de financiar seu processo industrial, passou a demonstrar visíveis sinais de deterioração, vítima da especulação imobiliária e da sobrevalorização de sua moeda.

Os EUA voltam a aparecer como a economia que cresce em níveis menos baixos — sempre menos de 3% ao ano, qualquer variação para cima é penalizada com elevação das taxas de juros, que bloqueiam qualquer novo ciclo de crescimento maior — nos anos 90. Depois que a indústria automobilística funcionou, no ciclo expansivo anterior, como o motor do crescimento, com grandes ritmos de expansão e enorme capacidade de alavancar-se sobre amplos setores da economia, sua crise nos EUA levou a que Detroit passasse a ser quase uma cidade fantasma. Desde então, a partir de acordos com as indústrias japonesas, as empresas automobilísticas norte-americanas recuperaram níveis de crescimento e voltaram a expandir-se no mercado mundial, embora com dificuldades de competição com as japonesas e norte-coreanas.

No entanto, a modificação mais significativa ocorreu no deslocamento da indústria automobilística do papel-chave que havia tido, que passou a ser ocupado pela indústria da informática. Esse ramo, em que os EUA continuam a deter o lugar hegemônico, consolidando sua hegemonia mundial, converteu-se no carro-chefe da expansão econômica dos EUA nos anos 90. Enquanto os outros países competidores continuam a ter na indústria automobilística um setor estratégico em suas economias — significativamente o símbolo da superação dos EUA pelo Japão continua a se fazer no marco da indústria automobilística, com a substituição do fordismo pelo toyotismo —, os norte-americanos conseguiram substituí-la por um ramo mais dinâmico em inovações tecnológicas e com um ritmo potencial de crescimento maior.

No entanto, nunca como neste momento a sociedade norte-americana apresenta um grau tão forte de concentração econômica e de exclusão social. A fragmentação social contém no seu bojo um explosivo potencial de crise social, que faz com que sua estrutura social apresente debilidades crescentes. As novas gerações, pela primeira vez na história dos EUA, vivem em média pior que seus pais, gerando insegurança e medo nas famílias norte-americanas, como resultado da falta de confiança no futuro.

Aos que apontavam para o Oriente na busca de um novo ciclo econômico capitalista superador da combalida economia norte-americana, o horizonte se nublou. Resta a China, cujas projeções alimentam especulações sobre seu poderio futuro, de que os próprios chineses duvidam, envolvidos em desequilíbrios produzidos por um processo veloz de crescimento econômico, que não autoriza qualquer previsão minimamente segura.

Os analistas que são caracterizados como "catastrofistas" parecem ser confirmados pela realidade. Quando se apontava que o esgotamento do modelo fordista e do impulso de vanguarda da economia norte-americana daria lugar a um ciclo asiático, comandado pelo Japão e tendo nos "tigres" e na China seus coadjuvantes, o Japão vê debilitar-se seu ritmo de crescimento, seu sistema bancário apresenta sinais de deterioração pela especulação imobiliária, a Coréia do Sul vê-se às voltas com limites a seu ciclo expansivo e a China ainda é uma incógnita, com a exploração de mão-de-obra barata e a especialização na exportação de produtos de baixo valor agregado.

Os futurólogos voltam de novo suas vistas para os Estados Unidos, seja por deter o controle militar do mundo, seja por deter o controle ideológico, mediante a hegemonia nos grandes meios de comunicação. Além disso, é o país que segue tendo um discurso que faz que seus interesses se distribuam por todas as regiões do mundo.

Na América do Norte, integração de suas fronteiras — México e Canadá —, para melhor competir em escala internacional. Se a integração com o vizinho do Norte parece natural, com o México ela se dá por razões especiais: a longa fronteira com um país explosivo socialmente, o que impede os EUA de ignorar as oscilações internas desse país, sob o risco de receber fluxos cada vez maiores de imigrantes. Por outro lado, a mão-de-obra barata do México sempre foi funcional nas indústrias de maquiagem da fronteira e essa zona poderia se estender a todo o país. Além disso, estão as reservas petrolíferas, que fazem do México o primeiro em reservas não exploradas, enquanto os EUA dispõem de recursos calculados em uma ou duas décadas.

Tanto esse último interesse é essencial, que assim que desatou a crise mexicana, logo depois do começo do Nafta, os EUA subordinaram a liberação do empréstimo para pagar os papéis da dívida mexicana ao depósito obrigatório dos recursos da exportação do petróleo em bancos norte-americanos, hipotecando dessa forma o futuro do vizinho do Sul.

No conjunto do continente americano, os EUA pretendem estender uma espécie de Doutrina Monroe econômica, com o Alca, a zona de livre comércio da América. Depois da crise mexicana, os EUA ficaram com dificuldades para estender o Nafta, quando o Chile, tendo cumprido perfeitamente os deveres de casa do ajuste fiscal, olhava com desprezo para o Mercosul, preparando-se para integrar o Nafta. Nem o Chile, nem qualquer outro país do continente manteve seu interesse imediato, nem o Congresso dos EUA se dispôs a votar o "via rápida" ou a autorizar qualquer passo do governo norte-americano para novas aventuras na direção do realizado com o México.

Enquanto isso, fortaleceu-se o Mercosul. Embora concebido e levado à prática, nos seus dez primeiros anos de existência, como uma integração comercial, o Mercosul passou a ser atraente para os outros países da região, desprotegidos diante da globalização. Assim foi se ampliando o Mercosul em direção à Bolívia, ao Chile, à Venezuela e aos outros países da América do Sul.

Diante desse quadro, os EUA voltaram à carga com seu projeto de extensão imediata do Alca, como zona de mercado livre para toda a América, enfrentando a resistência dos países do Mercosul que, sem contestar a filosofia desreguladora que preside a OMC e a política norte-americana, pretendem fortalecer-se previamente à integração com os EUA.

Na Europa, os interesses norte-americanos apontam para a extensão da Organização do Tratado do Atlântico Norte (OTAN) à leste da Alemanha, em direção à Rússia. A integração da Polônia, da Hungria e da República Tcheca é o primeiro passo, que requereu a neutralização das reações da Rússia, definitivamente amputada de sua antiga zona de influência, liquidando assim formalmente com o acordo de Yalta, que reconhecia aquela zona.

Os EUA mantêm firmemente o controle militar da OTAN, negando-se até mesmo a que a direção da Organização, situada na Europa, seja entregue rotativamente a militares europeus.

A política de neutralização em relação à Rússia, uma ex-potência decadente, não pode se reproduzir em relação à China. Embora se mantenha o país como sócio preferencial, pelos interesses comerciais existentes, as relações não conseguem se estabilizar num patamar que dê garantias a Washington de que sua hegemonia se estenda a toda a região.

O debilitamento da economia japonesa para os EUA consolida a afirmação também nesse plano diante do rival econômico. A recuperação da indústria automobilística norte-americana, a liderança nos setores de informática e dos meios de comunicação e o fortalecimento do dólar diante do yen, como conseqüência do novo desbalanço econômico a favor dos EUA, fizeram dos anos 90 a revanche sobre a década anterior. Naquela o Japão e a Alemanha surgiam como pólos dinâmicos, enquanto os EUA e a Inglaterra estavam aparentemente numa decadência irreversível. A inversão dos sinais na última década do século facilita as coisas para Washington, que pode ver sua hegemonia militar e nos meios de comunicação encontrar correspondência nos planos econômico e tecnológico.

Assim, os EUA se afirmam como a única superpotência, colocando um ponto final nas especulações sobre a possibilidade de um mundo multipolar no pós-guerra fria. As comparações com o império romano podem parecer grandiloqüentes, mas em nenhum momento a hegemonia inglesa, por exemplo, gozou de um poder tão indiscutido quanto o norte-americano, com um horizonte em que não se vê potências que possam relativizar esse poderio num futuro previsível.

E, no entanto, nunca como a partir da década de 1980 as contradições passaram a atuar tão fortemente sobre os EUA. Em primeiro lugar, contradições sociais no seu interior. Nunca os contrastes sociais foram tão fortes dentro do país, nunca a polarização social se fez sentir de forma tão poderosa como nas últimas duas décadas do século.

Os filhos do "baby-boom" encaram, pela primeira vez, uma situação em que os filhos vivem pior que os pais. O sonho de Progresso intermitente da classe média se esboroou, no mesmo momento em que as políticas sociais — especialmente as de educação — deixaram de funcionar como retaguarda para os amplos setores da população. Em um processo colocado em prática por Reagan —, a partir da formulação de que as pessoas que têm retaguarda, que têm garantias, que têm direitos, não se sentiriam incitadas a produzir mais e melhor —, tratou-se de tirar as redes de segurança para que todos, sentindo-se ameaçados, lutem contra todos de modo a elevar a produtividade. Essa nova — e mais selvagem ainda — formulação da mão harmoniosa de um mercado exacerbado deu o sinal de partida para a destituição dos direitos sociais e para gerar a maior onda de insegurança que o capitalismo já presenciou, desde que havia começado a socializar as pessoas mediante o trabalho assalariado e o contrato formal de trabalho.

Quanto à Europa, o século foi o de seu marcado declínio como centro do mundo, lugar que havia ocupado durante quatro séculos. A história deixou de ser a história da Europa e de sua periferia. Em três sentidos: o papel hegemônico se deslocou para os EUA; a descolonização privou a Europa de sua área privilegiada de dominação internacional; surgiu, na sua periferia próxima, a URSS como superpotência.

A causa de fundo da decadência européia foi a incapacidade desse continente para impedir que surgissem o fascismo e o nazismo em seu seio e sua impotência posterior para derrotá-los. Os EUA na Primeira Guerra e na Segunda Guerra e a URSS nesta última foram decisivos para definir os destinos do continente e da própria humanidade. A Europa participou simbolicamente, com a Inglaterra — que não havia capitulado, mas saiu combalida da Segunda Guerra —, nos acordos do final da guerra. As duas superpotências é que decidiam os rumos do mundo.

Paradoxalmente, foram os países perdedores os que extraíram vantagens do desfecho da guerra. Embora impedidos de se tornar superpotências, por não poder dispor de um poder bélico próprio, a Alemanha e o Japão receberam generoso fluxo de ajuda para sua reconstrução, produto do temor dos EUA de que a tentação próxima da URSS e do bloco do Leste europeu e da China pudessem contaminar os países destruídos pela guerra. A Itália, igualmente destruída, foi o outro país para onde se canalizaram os recursos norte-americanos.

Esses três países foram os que protagonizaram os "milagres" da reconstrução do pós-guerra. Ao reindustrializar-se, fizeram-no com tecnologia e competitividade maiores, por exemplo, do que a França e a Inglaterra. Esta, penalizada por haver resistido; aquela, por haver capitulado sem combate. O "privilégio do atraso" — o mesmo que havia favorecido a industrialização norte-americana em relação à inglesa — agora jogava a favor do Japão, da Alemanha e da Itália, justamente os três países que, unificados tardiamente em relação aos outros países da Europa, haviam apelado para regimes ditatoriais e processos de modernização conservadora.

Bloqueados em seus investimentos militares, o Japão e a Alemanha se concentraram nos investimentos tecnológicos, superando os EUA em vários ramos, ao longo dos anos 70. Porém, a guerra fria exigia um alinhamento estrito com Washington em escala mundial, multiplicado pela corrida armamentista, da qual somente as duas superpotências participavam.

Terminada a guerra fria e a bipolarização mundial, os EUA procuraram redefinir imediatamente os termos de sua hegemonia. A guerra do Golfo deu os marcos do novo cenário internacional. Os EUA não abriam mão de militarizar os conflitos, de traduzi-los para o plano em que sua superioridade é indiscutível. A essa superioridade somou-se o domínio sobre os grandes meios de comunicação, dando a nova feição da hegemonia da única superpotência.

O capitalismo mundial chega ao final do primeiro século, que foi enfrentado com um projeto de sistema social alternativo, depois da sua consolidação em nível mundial, em situação paradoxal: se reina sem competidores na cena mundial, não conseguiu sair de seu ciclo longo recessivo, em que se encontra desde os anos 70. A combinação desses ciclos que, segundo seu formulador — o economista russo Kondratieff —, duraria cerca de cinqüenta anos — metade dos quais expansivos e metade recessivos — não aponta ainda para um horizonte de superação. Se a primeira parte correspondeu a essa previsão, ocorrendo desde o segundo pós-guerra até meados dos anos 70, mais de duas décadas depois que se instaurou o ciclo longo recessivo, não há indicadores que um novo ciclo expansivo esteja a caminho.

Os ritmos de crescimento das economias mais fortes se situam sempre por volta de 2% ao ano — à exceção, até aqui, da japonesa —, caracterizando efetivamente estagnação econômica. Isso se dá, antes de tudo, porque a desregulamentação econômica acelerou o processo de financeirização das relações econômicas, fazendo que a taxa de juros fosse sempre superior à taxa de lucro. Os investimentos especulativos tornaram-se mais atraentes, pelos rendimentos e pela liquidez, constituindo-se num verdadeiro câncer incrustado no corpo do capitalismo mundial. Para o capital, trata-se de obter os maiores lucros, nos prazos mais curtos, com o menor grau de imprevisibilidade. É o que o capital encontra na especulação financeira, que movimenta trilhões de dólares diariamente, em detrimento do capital produtivo.

Dispõe-se hoje do capital, das inovações tecnológicas, da força de trabalho qualificada — sejam os 30 milhões de desempregados no Primeiro Mundo, seja a mão-de-obra dos ex-países socialistas —, de necessidades humanas reprimidas, para que um novo ciclo expansivo possa se dar. No entanto, as políticas de desregulamentação impostas pelo neoliberalismo bloqueiam essa possibilidade, jogando a grande parte dos recursos de que a humanidade dispõe — como a mão-de-obra e a tecnologia — na ociosidade, enquanto grande parte da população do mundo — como a quase totalidade da África, grande parte da Ásia e da América Latina e o Caribe — sobrevive na miséria. Nunca como no final do século XX a polarização foi tão grande em termos de renda, de tecnologia, de poder político, de informação. Os níveis de vida nunca foram tão desiguais, nunca destinos tão diferenciados se apresentaram para setores da humanidade. Excessos para uma minoria, carência para a grande maioria. Vinte por cento da população mundial situada no hemisfério norte concentra 85% da riqueza, enquanto 80% da população do hemisfério sul divide — também de forma desigual — 15% da riqueza mundial.

Esta é a face do capitalismo no final do século XX. Se até a década de 1970 a discussão se dava sobre quando e como o capitalismo desapareceria da face da terra, os termos do debate passaram a ser sobre que futuro tem o capitalismo e não mais se o capitalismo tem futuro. As previsões mecanicistas a respeito de sua substituição pelo socialismo deixaram de ter sentido, demonstrando que a história não caminha ao largo das decisões humanas. Não estamos condenados ao capitalismo — já que uma parte da humanidade decidiu conscientemente construir um outro tipo de sociedade — nem à sua superação obrigatória — já que uma parte daqueles resolveram retornar a viver sob o capitalismo. As sociedades humanas não se constituem ou se sucedem conforme leis externas aos homens. Embora a história seja feita a partir das condições encontradas pelos homens, impedindo que estes decidam, a qualquer momento, organizar formas de relações sociais que prefiram, essas condições são criadas pela própria ação social dos homens.

O socialismo, assim, será sempre o anticapitalismo, sua negação superadora. Ele nasce e renasce como antítese do capitalismo e sua existência será obra da ação consciente e organizada dos homens. Nem o capitalismo, nem o socialismo são destinos inexoráveis da humanidade, mas resultados da luta social entre interesses e consciência organizada das forças sociais.

6
A CRIMINALIZAÇÃO DO TERCEIRO MUNDO

Depois que a independência das colônias havia assestado um duro golpe nas grandes potências capitalistas, uma transformação fundamental se operou em escala mundial. Olhado três décadas depois, esse processo é concebido como um fracasso: o esgotamento dos governos nascidos daquele impulso. Há uma espécie de criminalização do Terceiro Mundo. Da mesma forma que, em nível de cada sociedade, empurra-se para os trabalhadores expulsos de seus postos de trabalho a responsabilidade por essa perda, devido à sua desqualificação para os novos requerimentos do mercado de trabalho, o mesmo acontece com os países do chamado Terceiro Mundo.

"Fanáticos", "extremistas", terroristas", "criminais", quando não apenas "incapazes tecnologicamente" — esse o novo vocabulário para países colonizados até recentemente, marginalizados dos centros de decisão mundial, vítimas dos deslocamentos de capitais e tecnologia, conforme os vaivéns da oferta e da demanda mundial, ao sabor da maximização dos lucros.

Depois do fim da URSS, o Terceiro Mundo se tornou a sede do que os estrategistas do Pentágono consideram os principais desafios à estabilidade global. Samuel Huntington — que já havia sido o teórico das "democracias restringidas" nos anos 70 —, na sua "guerra de civilizações", concentra-se na explosão demográfica dos países islâmicos e no crescimento econômico acelerado da China como os inimigos da "civilização ocidental".

Foi sempre muito incômodo para as potências ocidentais — praticamente todas ex-potências coloniais e depois potências imperialistas — encarar o problema da independência das novas nações. O direito à autodeterminação não podia ser questionado, nem a constituição de novas nações, com sua natural ideologia nacionalista. Esta trazia em seu bojo não apenas a crítica da dominação colonial, como também sua nova forma na dominação imperialista. Trazia ainda uma consciência igualitária, um projeto de desenvolvimento econômico autônomo e de integração entre as ex-colônias. Estabeleceu-se um consenso em que as questões da miséria e da opressão eram de responsabilidade das potências coloniais, que durante séculos haviam explorado e submetido suas colônias.

Com a incorporação das ex-colônias africanas, o chamado Terceiro Mundo ganhou sua configuração definitiva. Sua força se fez sentir ao longo das décadas de 1960 e 1970, quando à força do discurso se acrescentou o poder dos Estados produtores de petróleo do Oriente Médio, as potências chamadas de "intermediárias emergentes", como o Brasil, o México, a Índia, o Paquistão, a Indonésia. Esse conjunto de países teve expressões diferenciadas, como o Movimento de Países Não-Alinhados, a Opep, a Organização de Unidade Africana (OUA), entre outras. A maioria quantitativa que obtiveram na Assembléia Geral das Nações Unidas fez com que os Estados Unidos tratassem de esvaziar essa instância exercendo sistematicamente seu direito de veto no Conselho de Segurança, bem como deixando de pagar suas contribuições financeiras para a ONU. Na Unesco, os EUA também passaram a boicotar todas as iniciativas que visassem a uma nova ordem nas comunicações mundiais, que permitissem que os países do Terceiro Mundo pudessem dispor de suas próprias agências de notícias, sem ter de informar-se sobre seus congêneres mediados pelas poucas grandes agências do Primeiro Mundo, que monopolizam o comércio das informações.

O consenso mundial mudou desde então. Hoje as grandes potências capitalistas conseguiram impor com hegemonia a visão de que os problemas dos países do Terceiro Mundo têm sua origem em questões de ordem moral ou cultural desses próprios países e que seu destino depende das maiores potências. Depende de sua disposição de investir nesses países, por exemplo, se eles cumprem certos requisitos impostos pelo Banco Mundial e pelo FMI.

Mais do que isso, os problemas enfrentados pelos próprios países centrais do capitalismo seriam de responsabilidade dos países periféricos. Os EUA passaram a diagnosticar que atualmente seus maiores problemas residem dentro do país, mas são induzidos do exterior. Eles são problemas de drogas — originárias de países como a Colômbia, o Peru, a

Bolívia, o México —, de imigração ilegal — proveniente do México, do Haiti, da Nicarágua, de El Salvador, da Guatemala, da República Dominicana, entre outros — e da criminalidade que seria produzida pela imbricação entre tráfico de drogas e trabalhadores clandestinos.

Na Europa, a visão predominante passou a ser a de que foi a descolonização e a colonização que teriam provocado os problemas enfrentados pela África. A corrupção, a incompetência, a intolerância tribal, típicas da elite africana, responderiam pelas dificuldades do continente, em contraposição ao que a época colonial apareceria como um tempo de estabilidade, fazendo que a dissolução dos vínculos coloniais aparecesse como um erro. Os povos africanos aparecem como inerentemente incompetentes para assumir seu próprio destino.

Essa passagem da defensiva à retomada da ofensiva por parte das potências imperiais apóia-se em três fenômenos, que se reforçam mutuamente: a falência do que se chamou de "terceiro-mundismo", a emergência de um clima intelectual conservador e o fim da guerra fria, que debilitou as defesas do Terceiro Mundo em relação às intervenções das potências ocidentais. Os golpes militares, os massacres, os conflitos tribais, tudo passou a ser considerado sintoma da imaturidade da África para se tornar independente.

Ao mesmo tempo, os triunfos revolucionários — em Cuba, no Vietnã, na China — passaram a ser catalogados como regimes que haveriam degenerado para ditaduras militares, buscando assimilá-los às ditaduras latino-americanas. Uma visão eurocentrista da história foi se reimpondo. O nacionalismo é assimilado com a hipertrofia do Estado, identificando o fracasso do modelo soviético com as diferentes formas de regulamentação estatal, fazendo que a crítica dos regimes do Terceiro Mundo, da URSS e do Estado regulador coincidissem, para favorecer a hegemonia emergente do neoliberalismo. Desaparecida a URSS, os desafios ao Ocidente triunfante têm de vir do Terceiro Mundo, diabolizado em suas formas ideológicas — nacionalismo — e em suas outras supostas expressões — explosão demográfica e trabalhadores imigrantes, produção e tráfico de drogas, criminalidade, concepções fundamentalistas etc.

Os desafios que o Terceiro Mundo apresentaria para a ordem mundial vão sendo preenchidos com um cardápio variado: a proliferação de armas nucleares — no Iraque, no Paquistão, na Índia, na Líbia, na Coréia do Norte; o desequilíbrio do meio ambiente — em que o projeto de internacionalização da Amazônia impediria que a "irresponsabilidade" de governos do Terceiro Mundo pusessem a perder "o pulmão da humanidade"; a ascensão dos fundamentalismos; os perigos do comércio internacional de drogas; os problemas da explosão demográfica e da imigração para os países do Primeiro Mundo. Todos fazem parte do que se passou a chamar "riscos e desafios do século XXI". Aos mencionados se unem as possibilidades de explosões sociais em países gigantes, como a Rússia, a China, a Índia, o Brasil.

A lógica é a mesma desenvolvida em relação aos trabalhadores expulsos de seus empregos ou os pobres, excluídos socialmente — são os responsáveis por seus destinos. Absolve-se os que produzem e reproduzem essas situações. Ser rico — ao nível individual ou de país — passa a ser certificado de competência.

Pela primeira vez, em muito tempo, o Primeiro Mundo não tem discurso para o Terceiro. Basta recomendar-lhes que renegociem suas dívidas conforme o Plano Baker e que abram suas economias conforme as decisões da OMC.

Há descontentamento e descontentes, mas não há mais plataforma que unifique esses descontentes contra a chamada nova ordem mundial. Embora majoritárias, as vítimas dessa nova ordem, seus interesses não conseguiram ainda se articular para constituir uma direção alternativa àquela ditada pelos "Sete Grandes", pelo Banco Mundial, pelo FMI e pela OMC.

Os interesses afetados pela orientação hegemônica encontram resistências em países e setores que aparecem fragmentados entre si. São países produtores de petróleo, exportadores de produtos primários, com estruturas industriais intermediárias ou simplesmente marginalizados do mercado mundial, como boa parte dos africanos. Nenhuma estrutura, nenhum movimento, nenhuma formulação parece capaz de articulá-los, de transformar suas necessidades em projeto político.

O antiimperialismo, que se enganchava como anticapitalismo, requer então uma redefinição de seus termos. Pressionados entre a tentação do nacionalismo e da recomposição dos Estados nacionais — com sua regulamentação e proteção do mercado interno — e a internacionalização do capital — sem um processo de democratização política correspondente —, os que resistem à nova ordem têm diante de si a difícil tarefa de integrar os dois pólos numa síntese superior.

O maior desafio para a luta anticapitalista é hoje este: a articulação entre a questão nacional, a questão social — com sua nova configuração no final do século XX —, os temas da emancipação de gênero, de igualdade étnica, com o socialismo. Somente uma nova síntese entre eles revigorará o socialismo e dará a esses temas um marco histórico geral para sua realização.

7
O ASSALTO AO CÉU

Desde que a Revolução Francesa enterrou rapidamente seus heróis, substituindo-os por Napoleão Bonaparte, os trabalhadores passaram a resgatar para sua luta os ideais abandonados de liberdade, igualdade e fraternidade. O período que Hobsbawm chama de "era das revoluções" — que abarca de 1789 até 1848 — foi marcado por essa transição. Sua primeira expressão pública se deu nas barricadas das revoluções de 48, quando o movimento dos trabalhadores fazia sua primeira aparição autônoma, em Paris. Dois projetos de sociedade, dois tipos de mundo se confrontavam. O triunfo imediato de um deles deu seu selo à "era do capital", comandada pelas transformações que a revolução industrial — a nova acepção do termo *revolução* — impôs.

O caso isolado da Comuna de Paris, em 1871, serviu, no entanto, para prefigurar a forma que assumiria o poder dos trabalhadores. O fim da burocracia e do Exército, substituídos pelo autogoverno da sociedade, fornecia o elemento diferenciador entre as formas de exercício do poder sobre a maioria e a autodeterminação da sociedade. Sua prematura existência e a ruptura da cadeia imperialista na sua periferia e não no centro promoveriam outro formato de revolução.

Foi a Revolução Russa que definiu os parâmetros do que seria, por várias décadas, o termo revolução — tanto compreendido como *estratégia de luta pelo poder,* quanto como *construção de um novo tipo de sociedade.* A insurreição, por um lado, e a fórmula de Lenin "eletrificação mais sovietes", por outro, resumiam o caminho da revolução.

As revoluções chinesa, vietnamita, coreana e cubana mudaram apenas os termos da forma de assalto ao poder — revolução — enquanto a stalinização da URSS se encarregava de promover um modelo de estatização dos meios de produção, em lugar de sua socialização.

Formalizava-se assim um modelo de transição do capitalismo ao socialismo, que podia variar na sua forma — o caso das transições não insurrecionais, graduais, foi incluído —, porém estava definido um caminho. Os debates entre as forças anticapitalistas se resumiam quase que às formas de assalto ao poder — entre reformistas e revolucionários, conforme os termos definidos já desde o debate entre Rosa Luxemburgo e Bernstein.

À estatização dos meios de produção somava-se o partido único, fundido como novo Estado, como representante automático dos trabalhadores no poder. Conforme o mercado capitalista revelava ser a totalidade maior, a planificação socialista revelava ser um enorme nicho — porém, um nicho — que não podia definir leis próprias, tendo ao contrário que submeter-se às leis de valor definidas pelo mercado internacional, as fronteiras entre socialismo — de Estado, como querem alguns — e capitalismo de Estado foram se apagando. Uma teorização nessa direção foram as teses do "socialismo de mercado", uma contradição nos termos, no marco das teorias de Marx, para quem a existência do mercado significava necessariamente exploração e alienação.

O socialismo — na sua primeira forma histórica de existência — foi assim se consumindo nas suas próprias contradições. A solidão do Vietnã, apontada por Che diante dos conflitos entre a URSS e a China, expressava em seu mais alto nível, naquele momento, a perda da dimensão solidária, internacionalista do socialismo, voltado para a competição entre grandes potências e suas áreas de influência, que aos poucos subordinavam suas contradições como capitalismo mundial em função de seus interesses próprios.

Ao constituir-se na mais generosa forma de organização social que os homens já construíram, foi suficiente para demonstrar seu potencial de internacionalismo, de solidariedade, de produtividade, de democratização das relações sociais. Foi, porém, até aqui, insuficiente para superar o capitalismo, para alicerçar uma nova sociedade na base da consciência, dos valores morais, do trabalho voluntário. Sua derrota não foi, em primeira instância, econômica, mas proveio do fato de não ter desenhado uma sociedade qualitativamente superior ao capitalismo, não baseada no afã do lucro, da competição. Mais ainda por ter surgido não nos países mais ricos mas, de certa forma, dentre os mais pobres, o socialismo não poderia ter aceito o desafio da competição econômica.

8
Cuba: "quando o extraordinário se torna cotidiano..."

As orientações do Che dominaram o primeiro projeto de construção do socialismo em Cuba. Sua visão associada da política, da moral e da economia fez com que ele, em primeiro lugar, pensasse na industrialização como o caminho econômico para a soberania de Cuba no cenário internacional. Para tanto, conseguiu maquinaria suficiente nos ex-países do Leste europeu, porém como a industrialização não se reduz a isso, mas inclui, entre outros pré-requisitos, mão-de-obra qualificada, tecnologia, acesso a matérias-primas, canais de comercialização, formas de financiamento, aquela maquinaria praticamente não chegou a ser utilizada.

Seu apelo no discurso de Argel em 1965, para que os países socialistas funcionassem como uma espécie de substitutos da acumulação primitiva de capital para os países atrasados, resgatava as dificuldades cubanas para romper o círculo de ferro de país primário exportador que, de alguma forma, não conseguiu superar. A integração à comunidade econômica socialista foi feita com base nas vantagens comparativas de Cuba — açúcar, cítricos, fumo, níquel — e, embora representassem a possibilidade importante de garantir mercados e petróleo a preços estáveis — esta e não o preço do açúcar, a vantagem real —, implicavam manter Cuba como um país sem parque industrial. O peso desse ônus recaiu fortemente sobre os cubanos no momento da desaparição da URSS, quando sua balança comercial ruiu sob o peso da importação de petróleo e outros produtos industriais básicos no mercado internacional, sem poder contar com financiamentos bancários, pela moratória da dívida externa decretada em 1985.

Em segundo lugar, o Che buscou desde o começo a desmercantilização da economia e da cabeça das pessoas. "... O socialismo econômico sem a moral comunista não me interessa. Lutamos contra a miséria, mas ao mesmo tempo lutamos contra a alienação." Os serviços públicos passaram a ser gratuitos, o trabalho voluntário foi incentivado em detrimento dos incentivos materiais. O Che apostava fortemente na generalização e na prolongação da consciência revolucionária despertada pelo processo de luta pelo poder, porque aquelas medidas supunham que o nível de compromisso político e ideológico da vanguarda se estendesse a amplos setores da população, prolongando aquele momento mágico que ele já havia mencionado com tanta evidência:

"Quando o extraordinário se torna cotidiano, é a revolução". Essa lua-de-mel revolucionária supunha, por sua vez, a extensão da revolução para outros países da América Latina e, eventualmente, da África e da Ásia, sem o que as alternativas cubanas se estreitariam — ou um acordo geral com a URSS, com todas as implicações sobre o modelo de sociedade e sobre linha política internacional que isso supunha, ou ficar debilitado diante das pressões norte-americanas, que somavam o bloqueio econômico continental às agressões militares.

A ida do Che à África e depois à Bolívia estava assim vinculada ao projeto original da revolução cubana, cujo destino se jogava na extensão da revolução. Não era apenas o Vietnã que dependia que se criasse "dois , três, muitos Vietnãs", mas a própria Cuba.

O Che não buscava uma revolução na Bolívia mas, valendo-se da localização geográfica daquele país, no coração da América do Sul, catalisar os núcleos de luta armada que surgiam na Argentina, no Brasil, no Uruguai, associando-os aos já existentes na Colômbia, na Venezuela, no Peru e na América Central — na Nicarágua, na Guatemala. Como todo projeto dessa ordem, a vitória leva à consagração, a derrota é catalogada como "aventura", como "desvario", como "insanidade". A mesma loucura de Bolívar, de Martí, de Zapata, de Sandino, de Fidel, de Mao, de Ho Chi Minh, se derrotados.

O que do Che sobreviveu ao Che?

A generalização do capitalismo como nunca havia acontecido na história mundial só atualiza e multiplica os temas pelos quais o Che lutou. Uma sociedade na medida do homem, solidária, cooperativa, de homens livres, encontra no grau de desenvolvimento tecnológico um apoio fundamental. "... atrás de cada técnica há alguém que a empunha". As relações sociais em que se assenta o capitalismo — a produção cada vez mais social e a apropriação cada vez mais privada, centrada na busca permanente do lucro, que encontra no capital financeiro seu paraíso — é que bloqueiam a possibilidade de os homens se tornarem livres e solidários.

A extensão mundial dos grandes circuitos de comunicação poderia ser o canal da comunicação universal entre os homens, mas torna-se veículo de imposição hegemônica dos que produzem 75% dos programas dos grandes meios de comunicação — os EUA — e que podem subsidiar sua internet em detrimento de um diálogo universal. "...a técnica é uma arma e quem sentir que o mundo não é tão perfeito quanto deveria ser, deve lutar para que a arma da técnica seja posta a serviço da sociedade e, por isso, resgatar a sociedade, para que toda a técnica sirva para a maior quantidade possível de seres humanos e para que possamos construir a sociedade do futuro — qualquer que seja o homem que nós lhe demos —, essa sociedade com que sonhamos, à que nós chamamos, como a chamou o fundador do socialismo científico, 'o comunismo'".

O final do século vê as elites políticas se perpetuarem no poder, apesar da extensão das democracias no mundo. Alternativas revolucionárias são derrotadas ou absorvidas, tendências divergentes assimilam teses de seus adversários. As novas gerações não encontram propostas que respondam à sua disponibilidade e idealismo e se entregam às viagens das drogas e do consumo.

Como reagiriam as novas gerações a um apelo do Che?

"Nós, socialistas, somos mais livres porque mais plenos; somos mais plenos por sermos mais livres.

"O esqueleto da nossa liberdade completa está formado; falta-lhe a substância protéica e a roupagem; nós as criaremos.

"Nossa liberdade e sua sustentação cotidiana têm cor de sangue e estão repletas de sacrifícios.

"O caminho é longo e em parte desconhecido; conhecemos nossas limitações. Faremos o homem do século XXI; nós mesmos.

"Nós nos forjaremos na ação cotidiana, criando um homem novo com uma nova técnica.

"A personalidade desempenha o papel de mobilização e de direção enquanto encarna as mais altas virtudes e aspirações do povo e enquanto não se afasta do caminho."

Ou então, para concluir:

"Deixa-me dizer-lhe, com o risco de parecer ridículo, que o revolucionário é guiado por grandes sentimentos de amor."

COLEÇÃO LEITURA

Teresina e seus amigos – Antonio Candido, 76 págs.
Sobre a modernidade – Charles Baudelaire, 70 págs.
Os primeiros contos de três mestres da narrativa latino-americana – O besouro e a rosa – Mário de Andrade; São Marcos – Guimarães Rosa; A mulher que chegava às seis – Gabriel García Márquez, 80 págs.
O príncipe – N. Maquiavel, 156 págs.
Senhorita Else – Arthur Schnitzler, 110 págs.
Os dentes da galinha – Stephen Jay Gould, 83 págs.
Os assassinatos na rua Morgue / A carta roubada – Edgar Allan Poe, 91 págs.
O fantasma de Canterville / O príncipe feliz – Oscar Wilde, 69 págs.
Crônicas de Antônio Maria – Antônio Maria, 77 págs.
Um coração simples – Gustave Flaubert, 55 págs.
A filha do negociante de cavalos / A meia branca / Sol – D. H. Lawrence, 108 págs.
O Beagle na América do Sul – Charles Darwin, 72 págs.
Escola de Mulheres – Molière, 92 págs.
Camões: verso e prosa – Luís Vaz de Camões, 127 págs.
O mito do desenvolvimento econômico – Celso Furtado, 88 págs.
Cinema: Trajetória no subdesenvolviento – Paulo Emílio Salles Gomes, 12 págs.
A Santa Joana dos Matadouros – Bertolt Brecht, tradução e ensaio: Roberto Schwarz, 189 págs.
A Revolução Francesa – Eric J. Hobsbawm, 57 págs.
Contos – Machado de Assis, 121 págs.
Na colônia penal – Kafka, 51 págs.
O mandarim – Eça de Queiroz, 100 págs.
Macbeth – Shakespeare, 109 págs.
Uma história lamentável – Dostoievski, 101 págs.
O manifesto comunista – Karl Marx e Friedrich Engels, 67 págs.
A lição do mestre – Henry James, 120 págs.
Antígona – Sófocles, tradução: Millôr Fernandes, 69 págs.
Iracema – José de Alencar, 130 págs.
Pedro Páramo – Juan Rulfo, 162 págs.

O conde de Gobineau no Brasil – Georges Raeders, 88 págs.

A arte da guerra – Sun Tzu, 126 págs.

Cinco contos – A Fuga; Je ne parle pas français; Senhorita Brill; A vida de mãe Parker; Tomada de hábito – Katherine Mansfield, 96 págs.

A dama das camélias – Alexandre Dumas, 132 págs.

Pedagogia da autonomia – Paulo Freire, 148 págs.

Profissão para mulheres; O status intelectual da mulher; Um toque feminino na ficção; Kew Gardens – Virginia Woolf, 52 págs.

Cartas a Che Guevara – O mundo trinta anos depois – Emir Sader, 83 págs.

Contos de Andersen – Hans Christian Andersen, 136 págs.

Na terra das fadas – Bruno Bettelheim, 102 págs.

O romance está morrendo? – Ferenc Fehér, 103 págs.

Enéias – Gustav Schwab, 115 págs.

Do pudor à aridez – Anne Vicent-Buffalt, 130 págs.

A mulher/ Os rapazes – Michel Foucault, 131 págs.

Cinco mulheres – Lima Barreto (org. Daniel Piza), 76 págs.

Peixinhos dourados – Raymond Chandler, 74 págs.

Cultura e Política – Roberto Schwarz, 187 págs.

Cultura e Psicanálise – Herbert Marcuse, org. Isabel Loureiro, 122 págs.

O cinema brasileiro moderno – Ismail Xavier, 159 págs.

Poemas – Augusto dos Anjos, seleção de Zenir Campos Reis, 115 págs.

À saída do teatro depois da apresentação de uma nova comédia e A Avenida Niésvski – Nikolai V. Gógol, seleção de textos de Arlete Cavaliere, 121 págs.

Textos filosóficos — Jean-Jacques Rousseau, tradução: Lúcia Pereira de Souza, seleção de textos: Patrícia Piozzi, 103 págs.

O despertar — Kate Chopin, tradução: Carmen Lúcia Foltran, 212 págs.